AF240414

LIGUE DE DÉFENSE CONTRE LES CHEMINS DE FER

Fondée par L. LAMY, ✠, Directeur

AUTEUR DU « MANUEL PRATIQUE » — DIRECTEUR DU « BULLETIN DES TRANSPORTS »

SIÈGE : 155bis, rue Legendre, 155bis, — PARIS

(Ci-devant, 8, rue Jacquemont)

———※———

PROPOSITION DE LOI

DE M. LE SÉNATEUR

DOMINIQUE DELAHAYE

Ayant pour objet d'obliger les voituriers à avertir les destinataires

de l'arrivée des objets qui ne doivent

pas être livrés à domicile

———||o||———

TENTATIVE DE DIVERSION

ET

AVIS FAVORABLES DES CORPS COMMERCIAUX

———o———

10 Septembre 1913

AVIS IMPORTANT

On trouvera ci-après :

1° — Le texte in-extenso de l'exposé des motifs et de la proposition de loi sur la **lettre d'avis obligatoire** déposée par M. le Sénateur DOMINIQUE DELAHAYE, à l'instigation de notre Ligue.

2º — Nos observations au sujet des critiques formulées contre cette proposition par le « Journal des Transports ».

3° — Les avis des corps commerciaux sur ladite proposition.

SÉNAT

ANNÉE 1912

Session extraordinaire

Annexe au procès-verbal de la séance du 17 décembre 1912.

PROPOSITION DE LOI

Ayant pour objet d'obliger les voituriers à avertir
les destinataires de l'arrivée des objets qui ne doivent pas être livrés à domicile,

Présentée

Par M. Dominique DELAHAYE

Sénateur

(Renvoyée à la Commission des articles 47 à 50 du Code de commerce.)

EXPOSÉ DES MOTIFS

Messieurs,

Les Compagnies de chemins de fer, et avec elles l'Administration des chemins de fer de l'Etat, sont dans l'usage constant d'envoyer aux destinataires de marchandises livrables en gare un « avis d'arrivée », une « lettre d'avis », leur faisant connaître qu'ils peuvent venir prendre possession de ces marchandises. Elles ont à cette pratique un double et puissant intérêt : hâter le plus possible la libération de leur matériel et de leurs quais ; s'assurer, d'autre part, en cas de non-enlèvement dans certains délais, le bénéfice des frais de magasinage ou de stationnement, dont la perception est subordonnée à l'envoi dudit avis.

L'envoi des lettres d'avis d'arrivée est rigoureusement prescrit par la réglementation applicable aux chemins de fer, chez la plupart de nos voisins d'Europe.

Ainsi que le constatait feu M. le député Bourrat dans une proposition de loi dont j'aurai à reparler :

En Allemagne, en Autriche, en Hongrie et dans le Luxembourg, aux termes du paragraphe 68 du règlement des chemins de fer, l'arrivée des marchandises qui doivent être déchargées par le destinataire doit toujours, sauf certaines exceptions, être annoncée au destinataire par un avis ;

En Belgique, l'article 17 des conditions générales d'application des tarifs stipule que « le destinataire est avisé de l'arrivée des marchandises dont les administrations n'ont pas à effectuer la remise à domicile » ;

En Danemark, article 12 des dispositions réglementaires : « lorsque les marchandises remises au transport sont arrivées à la station de destination, le chemin de fer devra veiller à ce que le destinataire en soit immédiatement informé » ;

En Italie, tout au moins pour les transports internationaux : « lorsque la marchandise sera arrivée à la station destinataire, cette station apposera sur la lettre de voiture son timbre à date et préviendra de l'arrivée le destinataire ou l'entreprise chargée du transport ultérieur, sauf le cas où il s'agit de marchandises qui doivent être remises à domicile » (instruction du 1er janvier 1893 et du 10 octobre 1901, paragraphe 31, pour l'exécution des transports de marchandises en provenance ou à destination de l'Italie) ;

Dans les Pays-Bas, article 58 du règlement pour les transports par chemins de fer : « le chemin de fer est tenu d'informer par écrit le destinataire, soit personnellement, soit à son domicile ou à son bureau, de l'arrivée des marchandises qui ne doivent pas être livrées à domicile. »

En Russie, article 80 de la loi générale sur les chemins de fer : « la gare de destination est tenue, lorsque l'adresse du destinataire figure sur la lettre de voiture, d'aviser immédiatement celui-ci par écrit de l'arrivée de la marchandise, même lorsque cette arrivée a lieu avant l'expiration du délai de livraison » ;

En Suisse, loi de transport, article 19, et règlement de transport, paragraphe 74 : « si la marchandise n'est pas adressée gare restante, le chemin de fer doit, dans les vingt-quatre heures au plus tard après l'arrivée de la marchandise, lors même que le délai fixé pour la livraison ne serait pas encore écoulé, présenter la lettre de voiture au destinataire, ou tout au moins lui envoyer une lettre d'avis par la voie d'usage ».

Dans tous les pays ci-dessus, sauf peut-être pour le trafic intérieur de l'Italie, l'envoi de la lettre d'avis d'arrivée est explicitement prescrit.

Mais, en France, il n'existe pas de prescription formelle à cet égard, et on lit seulement ce qui suit dans les tarifs généraux de nos Compagnies de chemins de fer :

Article 52 des tarifs généraux P. V. (ou 55 des tarifs généraux G. V.). « Délais de livraison et d'enlèvement des marchandises. (Art. 31 (ancien 32) de l'arrêté ministériel du 27 octobre 1900, modifié par les arrêtés ministériels des 21 décembre 1900 et 28 février 1903.)

« La Compagnie est tenue de mettre les marchandises, denrées, voitures, animaux, matériel roulant, etc., adressés en gare, à la disposition du destinataire au plus tard le lendemain de l'*envoi de l'avis d'arrivée*, à l'heure réglementaire d'ouverture de la gare.

« Les marchandises doivent être enlevées dans le courant de la journée où elles ont été mises à la disposition du destinataire, pourvu que l'avis ait été adressé à l'intéressé de façon à lui parvenir la veille *avant six heures du soir* pour les transports par wagons dont la manutention est faite par les particuliers, et *avant midi* pour les expéditions partielles et les chargements complets manutentionnés par la Compagnie. Dans le cas contraire, le délai assigné une comptabilité rigoureuse des expéditions qu'il attend, d'en calculer les délais avec exactitude, de réclamer individuellement chacune d'elles à l'expiration de ceux-ci, puis de continuer à les réclamer chaque jour jusqu'à ce qu'il ait satisfaction ou qu'il se décide à intenter une action en responsabilité... C'est très pratique !

Ainsi, l'industriel ou le grand négociant parisien qui reçoit journellement dans les gares de petite vitesse de Paris de nombreuses expéditions des provenances les plus diverses,—Poitou, Normandie, Lorraine et Dauphiné, par exemple, — est dans la nécessité d'avoir un personnel spécial exclusivement chargé de se rendre tous les jours à Ivry, à Batignolles, à La Villette et à Bercy, pour s'enquérir des expéditions attendues.

La situation est pire encore pour les destinataires habitant loin de toute gare (5, 10, 15, 20 kilom. et plus quelquefois) et, d'une manière générale, pour tous ceux qui habitent des localités peu importantes : comme le faisait fort justement remarquer le *Bulletin des Transports* en 1903, dans une étude sur laquelle j'aurai à revenir tout à l'heure, « ils n'ont même pas la ressource de se faire adresser leurs marchandises à domicile », puisque, aux termes de l'article 52 du cahier des charges, l'organisation des services de camionnage n'est obligatoire que pour les centres de population de 5.000 habitants au moins situés dans un rayon de 5 kilomètres autour d'une gare.

Les protestations du commerce et les projets de réforme législative.

Un état de choses aussi préjudiciable aux intérêts des destinataires ne pouvait manquer de soulever les plus vives protestations.

Une active et utile campagne a été menée par le *Bulletin des Transports*, organe de la **Ligue de défense contre les chemins de fer**, que dirige, comme vous le savez, **M. L. Lamy**, avec un zèle digne des plus grands éloges et une autorité maintes fois reconnue par le Parlement, les tribunaux et les Compagnies elles-mêmes.

Cet organe a publié les 1er mai, 1er juin et 1er juillet 1903 l'étude à laquelle j'ai déjà fait allusion plus haut.

Après avoir établi que « l'obligation d'aviser le « destinataire dès que la marchandise peut être mise « à sa disposition ne saurait être repoussée par les « Compagnies et donnerait satisfaction au public », l'auteur de cette étude formulait ainsi sa conclusion générale :

« Nous croyons qu'il serait utile de demander et qu'on est en droit d'obtenir ce qui suit :

« 1° Obligation pour les Compagnies d'envoyer un avis au destinataire, à moins que celui-ci ne les en ait dispensées, aussitôt que la marchandise peut être mise à sa disposition ;

« 2° Obligation pour les Compagnies d'envoyer directement un avis à l'expéditeur dans les vingt-quatre heures qui suivent la constatation de l'état de souffrance de son expédition ;

« 3° Abaissement à 0 fr. 05 ou à 0 fr. 15, recommandation comprise, du prix des lettres d'avis d'arrivée ou de *souffrance des marchandises expédiées par chemins de fer.* »

A la même époque, M. le député Bourrat, s'inspirant de l'étude publiée par le *Bulletin des Transports*, étude qu'il citait d'ailleurs dans son exposé des mo-

tifs, déposait sur le bureau de la Chambre des députés ; le 26 juin 1903, une proposition de loi ainsi conçue :

L'article 104 du Code de commerce est complété de la manière suivante :

« *Art. 104.* — Il est tenu d'aviser immédiatement par écrit le destinataire, à moins que celui-ci ne l'en ait préalablement dispensé, de l'arrivée des marchandises qui ne doivent pas être livrées à domicile.

« Si, cinq jours après l'envoi de cet avis, le destinataire ne s'est pas présenté pour retirer les marchandises, l'expéditeur sera directement prévenu de cette circonstance au plus tard dans les vingt-quatre heures suivantes.

« Pour les marchandises refusées par le destinataire, frappées d'opposition, saisie ou revendication, pour celles dont le destinataire serait inconnu au domicile indiqué par la lettre de voiture, et dans tous les cas analogues, l'expéditeur doit être directement averti, dans les vingt-quatre heures, du fait qui s'oppose à la livraison.

« Les frais de ces avis sont à la charge de la marchandise transportée.

« Hors les cas de la force majeure dûment constatés, le voiturier est garant de l'arrivée des marchandises et effets, et, s'il y a lieu, de l'envoi des avis ci-dessus prescrits, dans les délais déterminés par les conventions relatives au transport et par les paragraphes précédents. »

ARTICLE 2.

« Les avis envoyés par les exploitants de chemins de fer publics en exécution des trois premiers paragraphes de l'article 104 du Code de commerce peuvent être expédiés sous forme de lettres ou sous enveloppes ouvertes, de manière qu'ils soient facilement vérifiés, et dans ce cas les droits de poste sont ceux fixés par l'article 7 de la loi du 6 avril 1878, avec minimum de 0 fr. 05 par avis relatif à une seule expédition.

« Les dispositions de la loi du 21 décembre 1897 relatives à la recommandation leur sont applicables. »

ARTICLE 3.

« La présente loi sera mise à exécution à partir du 1er janvier prochain. Les arrêtés ministériels réglant les frais accessoires seront modifiés en conséquence. »

Cette proposition est devenue caduque à l'expiration de la législature, mais elle a indirectement reçu satisfaction, en ce qui concerne les alinéas deuxième et troisième que M. Bourrat voulait ajouter à l'article 104 du Code de commerce : les Compagnies ont pris, en effet, l'initiative, le 31 octobre 1903 (*Journ. off.* du 9 novembre 1903), d'introduire dans leurs tarifs généraux de grande et de petite vitesse des dispositions réglementant de façon précise l'envoi des *avis de souffrance*, et cette amélioration a été réalisée le 1er mai 1905. C'est un premier résultat, dont le commerce est redevable à M. Bourrat et aux utiles efforts de la ligue que dirige **M. L. Lamy**.

D'autre part, MM. les députés Couesnon et Ceccaldi ont déposé, le 21 juin 1909, une proposition tendant à modifier comme suit le texte actuel de l'article 104 du Code de commerce :

Art. 104. — Le voiturier est tenu d'effectuer le transport dans le délai imparti par le contrat ;

« Il est tenu d'aviser le destinataire dès l'arrivée des marchandises par simple lettre missive, et de les mettre à sa disposition dans les vingt-quatre heures de l'arrivée, sans égard aux délais de transport restant à courir;

« Il est garant de la perte des objets transportés et des avaries autres que celles qui proviennent du vice propre de la chose;

« Il est garant du retard dans la livraison.

« Le tout, sauf « l'effet de la force majeure » prévue dans les dispositions actuelles de l'article 104 du Code de commerce, qui ne sont en rien modifiées. »

Je ne ferai pas mienne cette proposition, parce que, outre qu'elle contient, à mon avis, plusieurs dispositions inutiles, et d'autres qui ne seraient pas sans danger, elle ne me paraît pas susceptible d'atteindre le but désirable.

Cela ressortira suffisamment des explications que je vous donnerai plus loin, Messieurs, au sujet du texte que je me propose de présenter à votre approbation. Il importe que nous fassions auparavant une incursion dans le domaine administratif et que nous jetions un coup d'œil sur les résultats négatifs auxquels ont abouti de ce côté les si justes doléances du commerce.

L'action administrative.

Je vois, dans l'étude précitée du *Bulletin des Transports*, que, le 1er mai 1890, M. Yves Guyot, alors ministre des Travaux publics, répondait à la Chambre de commerce de Lyon : « qu'il ne voyait pas ce qu'on gagnerait à transformer en obligation réglementaire (pour les Compagnies) une formalité dont le propre intérêt de celles-ci garantit déjà l'accomplissement ».

La question fut cependant remise à l'étude le 11 septembre 1891; malheureusement, si les fonctionnaires du contrôle furent d'avis qu'il y avait lieu de modifier les règlements en vigueur « dans le sens de l'obligation explicite de l'envoi d'une lettre d'avis au destinataire aussitôt que la marchandise serait mise à sa disposition en gare », le Comité consultatif ne crut pas devoir engager le Ministre à entrer dans cette voie et il adopta même, le 14 novembre 1894, les conclusions de son rapporteur, M. J. Bousquet, qui s'exprimait ainsi : .

« Nous nous résumons. Le Ministre ne peut d'office prescrire rien de plus qu'une lettre d'avis adressée à l'expiration des délais réglementaires. Cette mesure ne serait d'aucune utilité sérieuse au commerce.

« Ce n'est que par voie d'entente avec les Compagnies et de revision législative du cahier des charges que l'on pourrait édicter la lettre d'avis obligatoire au moment de l'arrivée effective de la marchandise en gare. Cette prescription ne serait susceptible d'aucune sanction : son inobservation impossible à prouver. Les inconvénients du régime actuel sont plus théoriques que pratiques et plus apparents que réels. Nous estimons qu'il y a lieu d'émettre l'avis que le *statu quo* est préférable à l'innovation proposée. »

En 1899, la question s'étant représentée indirectement devant le Comité consultatif à l'occasion de la revision du tarif des frais accessoires, les conclusions du rapporteur, M. l'inspecteur général Colson, furent semblables. (Voir le *Bulletin des Transports* du 1er octobre 1899.)

« Au point de vue du caractère obligatoire de la lettre d'avis, disait M. COLSON, plusieurs chambres de commerce ont soulevé à nouveau une question déjà discutée à maintes reprises par le Comité, et ont reproduit un vœu écarté, notamment le 14 novembre

1894, sur un remarquable rapport de M. Bousquet. Ce vœu tendait à rendre obligatoire l'envoi de la lettre d'avis, aujourd'hui facultatif pour les Compagnies.

« Il faut remarquer que sa réalisation ne changerait pas grand'chose à la situation de fait, car les Compagnies, ayant intérêt à envoyer la lettre d'avis pour faire courir le délai d'enlèvement des marchandises adressées en gare, ne manquent pas, en fait, d'aviser le destinataire.

. . . .

« Comme le faisait remarquer M. Bousquet, la Compagnie, qui doit nécessairement livrer la marchandise dès que le destinataire muni de la lettre d'avis se présente à la gare, ne pourrait, en tous cas, être astreinte à envoyer cet avis que quand elle est en mesure de faire la livraison. Or, tant que le délai total n'est pas expiré, elle n'est pas tenue de faire cette livraison.

« Ce n'est donc qu'à l'expiration de ces délais que l'envoi de la lettre d'avis pourrait lui être imposé, si elle ne l'a pas envoyée plus tôt pour faire courir le délai d'enlèvement.

. . . .

« Pour que le public eût intérêt à invoquer une prescription rendant la lettre d'avis obligatoire à l'expiration du délai total, c'est-à-dire dans les seules conditions où le Ministre pourrait l'imposer, il faudrait la coïncidence bien improbable de deux faits également rares : 1° que l'expéditeur n'ait pas prévenu le destinataire de l'envoi ; 2° que la Compagnie ne l'ait pas prévenu, dans son propre intérêt, pour faire courir le délai d'enlèvement. La Commission, d'accord avec les avis antérieurs du Comité, n'a pas vu là un intérêt assez sérieux pour modifier les règlements en usage. »

La question ayant été remise à l'étude une fois encore, en 1909, le Comité consultatif a chargé à nouveau M. l'inspecteur général COLSON d'en faire l'examen et, comme on pouvait bien s'y attendre, celui-ci a émis, le 1er avril 1909, un avis qui ne diffère pas de celui qu'il avait déjà formulé dix ans auparavant; il a donné seulement à certains arguments de beaucoup plus amples développements que dans son précédent rapport :

« Ce que demandent les partisans de la lettre d'avis obligatoire, dit-il, c'est que la Compagnie soit tenue de les aviser aussitôt que la marchandise est arrivée en gare, même quand le délai total n'est pas expiré, et de mettre les colis à leur disposition dès le lendemain. Autrement dit, ils demandent que la Compagnie ne puisse pas se prévaloir du fait que le délai total dont elle dispose n'est pas expiré, dans les cas où, par suite d'arrivages exceptionnels, l'encombrement des voies de débord ou des quais, le surcroît de besogne incombant aux agents chargés des manœuvres, du déchargement des wagons et du classement des colis ne permet pas d'effectuer la livraison des marchandises dès le lendemain de leur arrivée.

« Comme le faisait observer M. Bousquet en 1894, en présence d'un texte aussi formel que celui du dernier alinéa ci-dessus reproduit de l'article 50 du cahier des charges, il est impossible de prétendre imposer aux Compagnies une pareille obligation. On aura beau s'ingénier à chercher des arguments dans d'autres textes ou dans les considérants de certains arrêts, il est impossible d'aller à l'encontre d'une disposition parfaitement nette et claire du contrat de concession et cette raison nous dispensera de discuter les avantages ou les difficultés pratiques de cette solution.

. . . .

« Nous estimons, quant à nous, qu'il est impossible d'imposer aux Compagnies une solution les privant d'une partie du délai total dont leur contrat leur donne le droit de disposer. »

Puis, envisageant l'éventualité de l'envoi obligatoire d'une lettre d'avis « à l'expiration du délai réglementaire », M. COLSON s'exprime ainsi :

« Ici la question de droit est beaucoup moins nette. Lorsque le délai est expiré, la Compagnie est tenue de mettre la marchandise à la disposition du destinataire. Il a été jugé qu'en l'état actuel des règlements cette obligation n'implique pas celle d'avertir le destinataire. Mais rentre-t-il dans les pouvoirs du Ministre d'imposer au transporteur cet avertissement ?

. . . .

« On pourrait donc obliger les Compagnies, comme le propose M. le Directeur du contrôle, à prévenir les destinataires que la marchandise est arrivée : 1° à l'expiration du délai réglementaire, lorsque la marchandise est arrivée à cette date ; 2° dès l'arrivée effective, lorsque l'arrivée est postérieure à cette date.

« Reste à savoir si cette prescription procurerait au public un avantage quelconque.

. . . .

« Le seul cas où l'obligation d'envoi de la lettre d'avis aurait peut-être un effet utile est celui où il y a un retard. Actuellement, la Compagnie n'est responsable du dommage résultant du retard qu'à dater du jour où la marchandise lui a été réclamée. On pourrait penser que le destinataire, une fois la lettre d'avis rendue obligatoire, n'aurait plus aucune démarche à faire et que les dommages-intérêts courraient de plein droit à son profit, depuis le jour d'expiration du délai jusqu'à celui où l'avis d'arrivée lui parviendrait.

« En droit, cependant, cette solution pourrait être contestée. D'après l'article 1146 du Code civil, « les dommages-intérêts ne sont dus que lorsque le débiteur est en demeure de remplir son obligation, excepté néanmoins lorsque la chose que le débiteur s'était obligé de donner ou de faire ne pouvait être donnée ou faite que dans un certain temps qu'il a laissé passer ». Dans la plupart des circonstances, la jurisprudence décide que l'expiration du délai ne suffit pas pour que le débiteur soit en demeure, qu'il faut, en outre, qu'une mise en demeure formelle lui soit adressée. Nous ne pouvons entrer ici dans la discussion détaillée des exceptions que compte cette règle. Nous devons cependant faire remarquer qu'elle aurait des chances sérieuses d'être appliquée dans le cas qui nous occupe par cette raison que, d'après la législation française, le retard dans la livraison des colis n'entraîne pas par lui-même le payement d'une indemnité forfaitaire. Pour obtenir des dommages-intérêts, le destinataire doit justifier que le retard lui a causé un préjudice et l'indemnité est égale au montant de ce préjudice, pourvu toutefois que celui-ci ne présente pas un caractère anormal, sortant des prévisions qui pouvaient raisonnablement être faites lors du contrat. Dans un système pareil, la jurisprudence admettrait-elle, même lorsqu'un règlement aurait rendu la lettre d'avis obligatoire, que les dommages-intérêts puissent courir sans mise en demeure ? Cela est douteux. En tous cas, le destinataire prudent devrait toujours réclamer sa marchandise lorsque le

retard lui causerait un préjudice sérieux, pour ne pas s'exposer à voir la Compagnie invoquer l'absence de mise en demeure au moins comme une cause d'atténuation de sa responsabilité, en raison de l'ignorance où le réclamant l'aurait laissée sur l'intérêt particulier qui s'attachait à la prompte livraison.

« Supposons cependant que la jurisprudence se prononce en sens inverse et que les destinataires, n'ayant plus aucun intérêt à mettre la Compagnie en demeure de faire la livraison, attendent des semaines ou des mois sans rien réclamer. Il en résulterait une singulière aggravation des retards, sans bénéfice pour personne. Nous le répétons, la lettre d'avis est toujours envoyée, dans la pratique, dès que la marchandise arrivée en gare peut être livrée. Les seuls cas où l'envoi n'a pas lieu sont donc ceux où, par suite d'une erreur, la marchandise n'est pas adressée à la gare qui doit la livrer avec les indications nécessaires pour permettre d'avertir le destinataire. La Compagnie est responsable du retard qu'entraîne l'erreur si c'est elle qui l'a commise ; si, au contraire, c'est l'expéditeur qui a donné une fausse adresse, par exemple, la Compagnie n'encourt aucune responsabilité. Mais pour éclaircir la situation, pour faire rechercher à la gare expéditrice les causes de l'erreur, pour remettre les dévoyés sur la bonne route, il faut que la gare où le colis devait arriver soit avertie qu'un colis qu'elle aurait dû recevoir fait défaut. Pour cela il est indispensable que le destinataire qui attend la marchandise la saisisse de sa réclamation. »

Il importe, Messieurs, d'ouvrir ici une parenthèse pour appeler votre attention sur deux erreurs que commet coup sur coup l'honorable M. COLSON dans les deux dernières phrases que vous venez de lire.

1° La Compagnie, dit-il, « est responsable du retard qu'entraîne l'erreur si c'est elle qui l'a commise » ; or, cette appréciation est tout à fait inexacte et, en effet, il tombe sous le sens que, n'étant pas tenue d'adresser une lettre d'avis au destinataire, elle ne peut être responsable envers lui du retard résultant de ce qu'une lettre a été mal adressée ou envoyée à un tiers.

C'est, du reste, ce qu'ont reconnu les tribunaux de Marseille (11 mars 1881) et de Reims (31 octobre 1876) dans deux jugements que résume Lamé-Fleury, p. 446 de la quatrième édition du *Code annoté des chemins de fer*. Dans l'une et l'autre affaire, il s'agissait de retards importants (25 et 40 jours) imputés par le destinataire demandeur à une erreur d'adresse commise par la Compagnie, sur la lettre d'avis qu'elle lui avait envoyée : « Si une erreur a été commise sur ladite lettre d'avis, » dit le tribunal de Marseille, « les conséquences de cette erreur ne sauraient être mises à la charge de la Compagnie, qui pouvait, sans être en faute, ne point aviser le destinataire » ; la Cie est irresponsable du retard, dit pareillement le tribunal de Reims, puisqu'elle n'est pas tenue d'aviser le destinataire de l'arrivée des marchandises.

2° Pour éclaircir la situation, pour faire rechercher à la gare expéditrice les causes de l'erreur, pour remettre les dévoyés sur la bonne voie, pense M. COLSON, il faut « que la gare où le colis devait arriver soit avertie qu'un colis qu'elle aurait dû recevoir fait défaut. Pour cela, il est indispensable que le destinataire qui attend la marchandise la saisisse de sa réclamation ».

C'est là encore une erreur certaine, attendu que d'une part les articles 62 des tarifs généraux grande vitesse et 59 des tarifs généraux petite vitesse font une obligation aux gares destinataires d'aviser l'expéditeur de la *souffrance* de son envoi « dans les vingt-quatre heures qui suivent la constatation du fait matériel qui s'oppose à la livraison » et que, d'autre part, les mêmes articles déclarent qu'on doit entendre, par marchandises en souffrance, notamment : « celles dont le destinataire est inconnu ou « n'habite pas le domicile indiqué » et celles « qui « n'ont pas été *réclamées* dans un délai de quatre « jours compté, pour les marchandises livrables *en* « *gare*, soit de *l'expiration des délais réglementai-* « *res*, soit de l'avis donné au destinataire ». Il est évident que, pour l'application de ces dispositions, la réclamation du destinataire n'est pas nécessaire, puisque c'est précisément cette absence de réclamation qu'il s'agit de signaler à l'expéditeur : la gare destinataire a donc ou doit avoir quelque autre moyen d'être avertie, comme dit M. COLSON, « qu'un colis qu'elle aurait dû recevoir fait défaut » ; il n'est d'ailleurs pas nécessaire d'avoir étudié beaucoup l'organisation de nos chemins de fer pour savoir que les « écritures » concernant une expédition sont ordinairement adressées séparément à la gare de destination (VICTOR MITTRE, *Droit commercial des chemins de. fer*, nº 232) et que celle-ci ne tarde pas, par conséquent, à s'apercevoir des colis qui lui manquent.

Je reviens au rapport de M. COLSON.

« Nous ne voyons pas, continue-t-il, quel intérêt sérieux il (le destinataire) pourrait avoir à être dispensé de la formuler (sa réclamation), tandis que nous voyons fort bien les graves inconvénients qu'il y aurait à ce qu'il gardât le silence.

« Ainsi donc, de deux choses l'une : ou bien le régime nouveau ne dispenserait et n'empêcherait pas les destinataires de réclamer les colis non arrivés dans les délais réglementaires, et il ne changerait rien à la situation actuelle ; ou bien il ferait prendre à quelques-uns d'entre eux l'habitude de ne pas réclamer ces colis, comptant être indemnisés de tout le préjudice subi, et ce préjudice serait singulièrement aggravé, au grand détriment du chemin de fer, si la réparation lui incombait finalement, — à celui de l'expéditeur, si c'était par lui que l'erreur eût été commise, — de sorte que l'obligation nouvelle imposée aux Compagnies entraînerait sans doute pour leur clientèle, envisagée dans son ensemble, plus de pertes que d'avantages.

« Elle grèverait encore le public en privant les négociants qui font passer régulièrement quelqu'un à la gare pour prendre les objets à eux adressés de la petite compensation qu'ils trouvent à la charge ainsi assumée, dans l'économie du timbre des lettres d'avis que la gare ne leur adresse pas. Et peut-être l'impossibilité de se soustraire à cette charge provoquerait-elle des plaintes, comme cela arrive en matière de colis-postaux.

. . . .

« En résumé, nous ne croyons pas que l'envoi obligatoire de la lettre d'avis offre un intérêt réel pour le commerce, à moins qu'il n'ait pour conséquence de réduire le délai dont disposent les Compagnies pour la livraison des colis effectivement arrivés en gare avant l'expiration du délai total résultant du cahier des charges, des règlements et des tarifs. Or, sans parler des difficultés pratiques à peu près insurmontables à notre avis, auxquelles se heurterait, dans la plupart des cas, la constatation de l'arrivée effective des marchandises, nous devons reconnaître qu'il est impossible d'imposer aux Compagnies la réduction du délai que leur alloue le contrat de concession.

L'obligation de l'envoi de l'avis d'arrivée ne prenant naissance que quand le délai réglementaire est expiré ne répondrait nullement aux désirs exprimés par certains négociants ; elle ne changerait rien à la pratique actuelle dans la plupart des cas et elle aurait plus d'inconvénients que d'avantages en cas de fausse direction.

« Nous proposons, en conséquence, au Comité de maintenir les avis antérieurs par lesquels il s'est prononcé contre toute modification des dispositions en vigueur sur ce point. »

La réforme à réaliser.

En définitive, les deux rapports de M. Colson et celui de M. Bousquet ne sont qu'une paraphrase de ce qu'écrivait dès 1890 M. Yves Guyot : ils ne voient pas « ce qu'on gagnerait en transformant en obligation réglementaire » l'envoi de la lettre d'avis, envoi facultatif sans doute, mais garanti par l'intérêt qu'y trouvent les Compagnies.

Je suis, Messieurs, d'un avis tout opposé et j'espère bien vous faire, sans trop d'efforts, partager mon opinion ; en outre il ne me sera pas malaisé de vous démontrer que les quelques inconvénients signalés par M. Colson sont ou imaginaires ou faciles à éviter. C'est pourquoi, en présence de l'attitude de l'Administration, une loi est devenue nécessaire.

L'intérêt qu'il y aurait à transformer en obligation la faculté qu'ont les Compagnies d'envoyer des lettres d'avis a été parfaitement mis en lumière dans l'étude publiée par le *Bulletin des Transports* en mai-juillet 1903 :

« Les Compagnies, y est-il dit, n'omettent pas volontairement, en général, d'adresser des lettres d'avis ; elles sont les premières intéressées à cet envoi. Mais le fait qu'il n'y a à cet égard aucune obligation ferme pour elles les dégage de toute responsabilité pour erreur, oubli, retard, fausse direction, etc...;

« C'est ce qui explique à la fois et les plaintes du public, qui aurait un très grand avantage à voir la lettre d'avis devenir obligatoire, et la résistance des Administrations de chemins de fer à se laisser imposer pareille obligation.

« Le retard dans l'envoi de l'avis aurait les mêmes effets que le retard constaté dans l'arrivée de la marchandise, et les Compagnies ne pourraient plus, par conséquent, se soustraire, comme elles le font si souvent aujourd'hui, à la réparation du préjudice que ce retard aurait causé. Les exemples sont innombrables, en effet, de cas de retard avérés, certains, dans lesquels les Compagnies ne payent aucune indemnité sous prétexte que, l'envoi des lettres d'avis n'étant pas obligatoire, il ne peut y avoir de retard pour une marchandise livrable en gare que si le destinataire l'a réclamée en vain après l'expiration du délai réglementaire, délai que souvent il n'a même pas la possibilité de connaître avec certitude !

« On peut consulter, à ce sujet, les nombreux jugements et arrêts publiés par le *Bulletin des Transports*, et notamment le jugement du tribunal de commerce d'Elbeuf, en date du 29 mars 1901 (p. 920), dans lequel on lit ce qui suit :

« Attendu que les demandeurs ont fait plaider que la preuve implicite de la faute de la Compagnie réside en ce que celle-ci, à la date du 10 janvier, leur a envoyé une lettre d'avis, ce qui équivaudrait à un aveu de responsabilité ;

« Mais attendu qu'il est établi par de nombreux arrêts de la Cour de cassation que l'article 10 de l'arrêté ministériel du 12 juin 1866, en imposant aux Compagnies l'obligation de mettre les marchandises à la disposition du destinataire dans le jour qui suit celui de leur arrivée à la gare où elles sont livrables, ne leur impose pas l'obligation de prévenir les destinataires par une lettre d'avis, de l'arrivée desdites expéditions ; que les lettres d'avis que les Compagnies ont l'habitude d'adresser aux destinataires n'ont d'autre but que de prendre date pour faire courir les frais de magasinage ;

« Qu'en l'espèce les demandeurs ne sauraient donc faire grief à la Compagnie de ne les avoir avertis que le 10, quand la marchandise devait être en gare depuis le 5 ; que c'est à eux à qui incombait le soin de venir se livrer au jour dit, et au cas de non-arrivée de le faire dûment constater, formant ainsi une base à une action en dommages-intérêts. »

« Avec la lettre d'avis obligatoire, de telles décisions seraient impossibles parce que l'envoi de l'avis le 10 pour une marchandise qui devait être arrivée le 5 constituerait toujours un retard, même si la marchandise était arrivée. Le destinataire pourrait donc attendre patiemment chez lui les lettres d'avis et ne se déranger qu'à bon escient pour aller retirer ses colis, au lieu qu'aujourd'hui, s'il veut sauvegarder ses droits, il est dans la nécessité, lorsqu'il sait une marchandise en route, *d'aller la réclamer* à la gare chaque jour. »

Qu'ai-je besoin d'ajouter à ce lumineux plaidoyer en faveur de la lettre d'avis obligatoire ? Il démontre à l'évidence l'intérêt qu'aurait le commerce à la réalisation de la réforme qu'il réclame.

C'est en vain que M. Colson, dans son rapport de 1909, s'évertue à démontrer que le régime nouveau ou bien « ne changerait rien à la situation actuelle » ou bien ferait prendre aux destinataires « l'habitude de ne pas réclamer leurs colis », comptant à tort être indemnisés du préjudice subi ..

Ce qu'il changerait, au contraire, c'est que, précisément aujourd'hui, avec le régime actuel, des destinataires trop nombreux comptent à tort sur la lettre d'avis que la Compagnie leur envoie d'habitude sans qu'il y ait, pour elle, aucune obligation de le faire : ils sont fort marris d'apprendre à leurs propres dépens, lorsqu'un retard s'est produit, *qu'aucune indemnité* ne leur sera allouée, à cause du caractère facultatif de la lettre d'avis et de l'obligation où ils étaient eux-mêmes, pour s'assurer la réparation du préjudice résultant du retard, d'aller réclamer leurs colis en gare, à l'expiration ou après l'expiration des délais ; cela ne serait plus possible et lesdits destinataires pourraient attendre en toute sécurité un avis que les gares seraient tenues de leur envoyer et dont l'envoi tardif suffirait à établir le retard.

Ce que changerait le nouveau régime, c'est que la jurisprudence reviendrait à ce qu'elle était avant 1873, conforme à l'esprit des textes, à la nature du contrat de transport et à l'équité, qui est la base des bonnes relations commerciales.

Ce qu'il changerait, c'est que la réglementation se mettrait, pour une fois, d'accord avec la pratique et celle-ci avec celle-là, supprimant, sur ce point particulier du service des chemins de fer, le perpétuel mensonge grâce auquel les Compagnies échappent trop souvent à la responsabilité de leurs fautes.

Au point de vue juridique, aucune difficulté. Je veux bien admettre, en effet, avec M. Bousquet, avec M. Colson et avec le Comité consultatif, qu'on ne pourrait imposer aux Compagnies « une solution les privant d'une partie du délai total dont leur contrat leur donne le droit de disposer » ; que m'importe. Pas n'est besoin de leur imposer semblable contrainte : pour remplir le but désirable il suffit de stipuler qu'une lettre d'avis sera adressée au destinataire, comme le demandait le *Bulletin des Transports* en 1903 : « aussitôt que la marchandise peut être mise à sa disposition ».

Si la lettre d'avis est envoyée avant l'expiration des délais ce sera tant mieux : il n'y aura, dans ce cas, rien de changé à la situation actuelle ; mais les gares pourront toujours attendre l'expiration des délais sans encourir aucune responsabilité, celle-ci ne commencera qu'*après cette expiration*, soit que l'envoi tardif résulte d'une négligence ou d'un oubli, donc d'une faute génératrice du retard à la livraison, soit qu'il résulte de ce que la marchandise n'était pas à disposition, donc d'un retard dans le transport. Ainsi tombent toutes les objections de droit qu'on a formulées contre l'obligation de la lettre d'avis.

Ce système suffit, d'ailleurs, pour que le destinataire n'ait plus, désormais, à se déranger en vain, il attendra, chez lui, la lettre d'avis et si, pressé de sa marchandise, il ne voit rien venir, il ne sera pas pour cela tenu, comme aujourd'hui, *d'aller à la gare la réclamer*, il pourra, par exemple, se contenter d'écrire, d'envoyer au besoin une lettre recommandée chiffrant le préjudice que lui cause chaque jour de retard ; il n'aura d'ailleurs plus *à mettre le chemin de fer en demeure*, puisque l'exécution complète des obligations du voiturier comportera l'envoi d'une lettre d'avis de mise à disposition, et que, par conséquent, sauf convention contraire expressément stipulée, la dette ne deviendra quérable qu'après cet envoi ; la situation du destinataire d'une expédition livrable en gare sera, à ce point de vue, absolument assimilable à la situation actuelle du destinataire d'une expédition livrable à domicile : le chemin de fer peut présenter la marchandise à celui-ci avant l'expiration des délais réglementaires, mais il n'est tenu de la présenter, au plus tard, qu'à l'expiration de ces délais ; il pourra de même, comme aujourd'hui, envoyer une lettre d'avis au destinataire d'une expédition en gare avant l'expiration des délais réglementaires, mais à défaut de cet envoi il ne sera tenu et n'aura de responsabilité qu'à partir de l'expiration de ces délais.

Que peut-on dire contre cela ? Quel argument pourrait-on tirer de l'article 50 du cahier des charges puisqu'on laisse aux Compagnies la liberté de se mouvoir dans toute l'étendue des délais qui leur sont impartis ? M. Colson écrit lui-même : « On pourrait obliger les Compagnies à prévenir les destinataires que la marchandise est arrivée : 1° à l'expiration du délai réglementaire, lorsque la marchandise est arrivée à cette date ; 2° dès l'arrivée effective lorsque l'arrivée est postérieure à cette date. » Nous ne demandons pas davantage, parce que, comme je l'ai expliqué plus haut, il y aura toujours, en cas d'envoi tardif de l'avis d'arrivée, faute du chemin de fer.

Par ailleurs, M. Colson craint de voir la lettre d'avis obligatoire « grever encore le public en privant les négociants qui font passer régulièrement quelqu'un à la gare, pour prendre les objets à eux adressés, de la petite compensation qu'ils trouvent à la charge ainsi assumée, dans l'économie du timbre des lettres d'avis que la gare ne leur adresse pas » ; il invoque même à l'appui de cette remarque des réclamations auxquelles aurait donné lieu l'obligation formelle où sont déjà les Compagnies d'envoyer des lettres d'avis aux destinataires des colis postaux adressés en gare.

En vérité, Messieurs, le remède à ces inconvénients est facile.

La proposition de M. Bourrat avait, comme le demandait le *Bulletin des Transports*, pris soin de prévoir que la lettre d'avis ne serait obligatoire que *sauf dispense du destinataire :* je fais de même dans le texte que je vais avoir l'honneur de soumettre à votre haute approbation et ainsi deviennent sans objet les craintes manifestées par M. l'inspecteur général Colson.

Quant au régime actuel des colis postaux, comme il s'agit d'un point sur lequel les conventions internationales sont restées muettes, laissant ainsi *aux lois et règlements intérieurs* de chaque pays le soin de le régler, j'estime que l'article 104 du Code de commerce leur est applicable et que, par conséquent, toute addition apportée à cet article leur serait applicable aussi ; toutefois, pour éviter toute équivoque, j'aurai soin de prévoir l'application des nouvelles dispositions à ces colis.

Actuellement, aux termes de l'article 3 du décret du 27 juin 1892, les destinataires des colis postaux livrables en gare doivent être avisés « dans les vingt-quatre heures, par les chefs de gare, de l'arrivée des colis à leur adresse », mais, d'autre part, aux termes de l'article 8 du même décret, la livraison de ces colis doit avoir lieu « dans les délais les plus courts fixés par les règlements généraux pour les transports à grande vitesse ». Si, grâce à la loi que je propose, la disposition précitée de l'article 3 se trouve indirectement abrogée, par contre l'article 8 sortira désormais son plein et entier effet et il y aura assimilation complète, au point de vue de la livraison, entre les colis postaux et les colis ordinaires de grande vitesse, puisque, pour les uns comme pour les autres, les gares devront, sauf dispense expresse du destinataire, aviser celui-ci dès qu'un colis livrable en gare pourra être mis à sa disposition.

Observations générales.

En résumé il s'agit :

1° D'imposer, en principe, aux voituriers l'obligation d'aviser les destinataires de marchandises adressées bureau restant ou en gare, que ces marchandises sont à leur disposition ;

2° De laisser toutefois auxdits destinataires la faculté de dispenser les voituriers de cette obligation : un certain nombre d'entre eux ont intérêt, en effet, à ce qu'il en soit ainsi ; notamment ceux qui habitent près des gares ou qui sont en relations quotidiennes avec elles, ainsi que les propriétaires d'embranchements particuliers, sur lesquels les livraisons se font suivant des règles spéciales.

La réforme que je propose serait réalisée par l'addition d'un paragraphe spécial placé après le texte actuel de l'article 104 du Code de commerce, lequel

serait intégralement conservé, sans aucune modification.

M. Bourrat, dans sa proposition de 1903, stipulait l'avis obligatoire « par écrit » ; MM. Couesnon et Ceccaldi l'exigent « par lettre missive ». Je n'ai pas cru devoir faire de même : le seul point important me paraît être de stipuler dans la loi que le destinataire *sera obligatoirement avisé ;* quant à la forme ou au mode de l'avis, j'estime qu'on peut laisser à cet égard toute latitude à la réglementation et aux tarifs homologués.

Ainsi que vous avez pu le remarquer plus haut, M. Bourrat demandait, dans sa proposition, indépendamment de l'obligation, pour les Compagnies, d'envoyer les lettres d'avis, la réduction des taxes postales applicables à ces sortes de lettres, ainsi qu'aux avis de souffrance. Je suis très certainement partisan d'une amélioration de cette nature ; mais il importe de remarquer que la taxe pour le transport des lettres ordinaires ayant été abaissée à 0 fr. 10 en 1906, le coût des avis d'arrivée a bénéficié de la même réduction (circulaire ministérielle du 12 avril 1906) : la réforme préconisée par M. Bourrat a ainsi perdu une partie de son intérêt, sans cesser, d'ailleurs, de se heurter à des difficultés d'ordre budgétaire qu'il paraît préférable de ne pas traiter ici. C'est ce qui m'a déterminé à distraire cette question de ma proposition et à ne point m'en occuper, du moins quant à présent.

Enfin, pour répondre aux préoccupations dont j'ai parlé concernant les colis postaux, une disposition *spéciale* rendrait la loi nouvelle *applicable à ces colis.*

J'ai, en conséquence, l'honneur de vous présenter la proposition de loi suivante :

PROPOSITION DE LOI

Article premier.

L'article 104 du Code de commerce est complété par l'addition d'un alinéa ainsi conçu :

« *Lorsque le contrat de transport ne comporte pas la présentation à domicile des objets transportés, le voiturier est tenu, dès que ces objets peuvent être mis à la disposition du destinataire, d'en aviser celui-ci, à moins qu'il n'en ait été expressément dispensé par lui.* »

Art. 2.

« *Le paragraphe ajouté à l'article 104 du Code de commerce en vertu de la présente loi est applicable aux colis postaux.* »

Signé : Dominique DELAHAYE.

T. S. V. P

TENTATIVES DE DIVERSION

On pouvait s'attendre, à la suite du dépôt de la proposition qui précède, à quelques tentatives de diversion : dès qu'il s'agit en effet de juguler l'omnipotence des Compagnies, de mettre quelque entrave au libre exercice de leurs fantaisies, de les obliger à respecter les droits de chacun, on est sûr de voir bientôt filtrer peu à peu, à travers la masse des approbations et des vœux du commerce, des opinions qui n'aboutiraient à rien moins, si elles étaient suivies, qu'à l'abandon des réformes désirables.

L'histoire des chemins de fer est fertile, à cet égard, en enseignements des plus concluants, et si on veut seulement se rappeler ce qui s'est passé, pendant ces dernières années, au sujet des réformes les plus importantes en faveur desquelles nous avons combattu, on sera pleinement édifié.

Un avis « ridicule » des Syndicat national et Mutuelle-Transports

La proposition de M. D. Delahaye comporte, comme on vient de le voir, deux articles :

Le premier impose aux voituriers l'obligation d'aviser les destinataires d'envois adressés bureau restant ou en gare, *à moins qu'ils n'en aient été* **expressément** dispensés *par lesdits destinataires.*

Le second stipule que cette disposition nouvelle, ajoutée à l'article 104 du Code de commerce, SERA APPLICABLE AUX COLIS POSTAUX.

Les Compagnies seraient donc désormais dans l'obligation d'aviser les destinataires de colis postaux adressés en gare, *à moins qu'elles n'en aient été* **expressément** dispensées *par les dits destinataires.* Or, d'autre part, ainsi que le fait remarquer M. D. Delahaye dans son exposé des motifs (voir plus haut, p. 9, col. 1), « actuellement, aux termes de l'article 3 du décret du 27 juin 1892, les destinataires des colis postaux livrables en gare *doivent être avisés dans les vingt-quatre heures*, par les chefs de gare, de l'arrivée des colis à leur adresse » ; mais

cette disposition se trouverait « indirectement abrogée » par l'article 2 de la proposition, et il y aurait « assimilation complète, au point de vue de la livraison, entre les colis postaux et les colis ordinaires de grande vitesse, puisque, pour les uns comme pour les autres, les gares devraient, *sauf dispense expresse* du destinataire, aviser celui-ci dès qu'un colis livrable en gare pourra être mis à sa disposition ».

La fameuse association qui s'intitule « Syndicat National et Mutuelle Transports réunis » et qui *se dit* « pour l'amélioration des transports » n'a pas compris cela, puisque, après avoir cité les deux articles de la proposition, dans son *Bulletin* du 1er mars 1913, elle ajoute :

Il *sera utile* de spécifier que l'article 2 du projet de loi aura pour effet d'autoriser les destinataires desdits colis postaux à *dispenser* expressément le voiturier de l'envoi de l'avis d'arrivée.

Les malheureux, dont, il est vrai, les gaffes et les sottises ne se comptent plus, n'ont pas vu que l'article 2 du projet a précisément pour *but* et pour *effet* de réaliser...*ce qu'ils demandent !*

Les critiques du « Journal des Transports »

Le *Journal des transports*, qu'il ne faut pas confondre avec notre *Bulletin des transports*, consacre trois colonnes entières, de son numéro du 19 avril 1913, à un article intitulé « La lettre d'avis obligatoire » : inutile de dire que cet article conclut en faveur des Compagnies, c'est-à-dire en faveur du maintien du *statu quo*. Il s'efforce, du reste, de justifier cette conclusion par des considérations théoriques et juridiques dans lesquelles il rappelle quelques principes vrais, ce

qui ne l'empêche pas de baser sur ces principes vrais des raisonnements qui ne le sont pas.

Lorsqu'il s'agit de retards de marchandises, dit-il très justement, il faut « séparer les envois adressés à domicile de ceux expédiés en gare ». Pour les premiers le retard c'est « tout le temps qui s'est écoulé depuis l'expiration des délais légaux » jusqu'à la présentation des marchandises au domicile du destinataire ; mais, ajoute notre confrère :

« Tout autre est la condition des envois expédiés livrables en gare. Pour ceux-là le destinataire n'a pas été délié par son expéditeur du soin de s'inquiéter de leur arrivée ; ils sont quérables, et c'est pourquoi le chemin de fer a été *autorisé* par les règlements à rappeler, en quelque sorte, au destinataire, lors de l'arrivée de la marchandise, que celle-ci est à sa disposition. La lettre d'avis n'a pas d'autre sens : elle fait courir le délai d'enlèvement, elle permet ensuite au chemin de fer de réclamer au destinataire négligeant des droits de stationnement ou de magasinage suivant le cas. Ce caractère même exclut toute notion d'obligation, *il est loisible au chemin de fer de se laisser encombrer.* »

Relevons en passant deux erreurs de détail.— 1° Il est inexact de dire que les chemins de fer aient été « autorisés » à envoyer les lettres d'avis : aucune autorisation ne leur était nécessaire pour cela, pourvu que l'envoi des lettres d'avis se fasse dans les mêmes conditions pour tous, c'est-à-dire en respectant le principe de l'égalité à l'égard de tous les destinataires. — 2° Il est également inexact de dire qu'il « est loisible au chemin de fer de se laisser encombrer » : les articles 50 du règlement de 1846-1901 et 49 du cahier des charges leur faisant une obligation de transporter avec « soin, exactitude et *célérité* », toutes les expéditions qui se présentent, l'encombrement volontaire ou volontairement consenti constituerait une contravention à ces articles.

Mais ce sont là des inexactitudes sans grande importance pour la question qui nous occupe : l'erreur capitale est plus loin.

L'auteur de l'article du *Journal des transports* s'efforce d'établir que les dommages-intérêts pour retard ne pouvant être dus, aux termes de l'article 1146 du Code civil, que si « le débiteur a été *mis en demeure*, c'est-à-dire en état de constatation légale de son retard », l'obligation d'envoyer une lettre d'avis ne changera rien à ce principe, et, dès lors, « le destinataire devra continuer, *malgré son espoir de recevoir ultérieurement une lettre d'avis*, à faire réclamer sa marchandise à la gare, pour établir qu'il l'attend et montrer ainsi le préjudice que lui cause cette attente ».

Or, que dit ce fameux article 1146 ? Simplement ceci :

« Les dommages-intérêts ne sont dus que lorsque le débiteur est en demeure de remplir son obligation, excepté néanmoins lorsque la chose que le débiteur s'était obligé de donner ou de faire ne pouvait être donnée ou faite que dans un certain délai qu'il a laissé passer. »

Et que décide la jurisprudence ? Par exemple, que :

« Si l'article 10 de l'arrêté ministériel du 12 juin 1866 impose aux Compagnies de chemins de fer l'obligation de mettre les marchandises transportées par elles en petite vitesse, et livrables en gare, à la disposition du destinataire, dans le jour qui suit leur arrivée, **il ne leur prescrit pas de prévenir de cette arrivée le destinataire,** auquel il incombe de **venir réclamer** les colis qui lui sont adressés ; qu'en cette matière, tout étant de droit étroit, les obligations des Compagnies ne peuvent résulter que des lois et règlements qui les régissent ;

. . . .

« Mais attendu, d'une part, que celui qui prétend qu'une marchandise livrable en gare ne lui a pas été remise dans les délais réglementaires doit établir qu'à l'expiration de ces délais le colis ne lui a pas été livré, *sur sa réquisition* ; que, si l'ordre général, donné par T... et B..., peut avoir pour effet de rendre livrables en gare tous les colis, même ceux adressés à domicile, qui leur sont destinés, il ne saurait être considéré comme la réclamation spéciale nécessaire pour mettre une Compagnie de chemins de fer en demeure de faire la remise des marchandises au destinataire.'» (Cassation, 17 décembre 1912; *Bulletin des Transports* du 1er février 1913, p. 26.)

Le texte même de cet arrêt n'indique-t-il pas que la décision devrait être tout autre si quelque disposition légale obligeait les gares à prévenir les destinataires de l'arrivée de leurs marchandises, ou, mieux encore, comme la proposition Delahaye, « dès que les objets peuvent être mis à la disposition du destinataire » ?

La réclamation spéciale de chaque expédition serait toujours nécessaire pour mettre le chemin de fer **en demeure** de faire la « remise » *des marchandises*, mais elle ne serait plus nécessaire pour que le chemin de fer soit « en demeure de remplir son obligation » de *mise à disposition*, laquelle comporterait, pour être complète, l'*envoi immédiat* d'une lettre d'avis.

Le retard, non pas dans la *livraison effective*, mais dans la *mise à disposition*, serait donc suffisamment établi par le défaut d'envoi de cette lettre ; « l'*espoir* » de recevoir celle-ci ne reposerait plus seulement, comme pour les expéditions ordinaires du régime actuel, sur l'usage constant, sur la bonne habitude où sont les Compagnies d'envoyer lesdites lettres, mais bien sur l'obligation formelle que leur imposerait la loi ; l'obligation de « livraison » resterait *quérable*, c'est entendu, et le destinataire ne pourrait se dispenser d'aller réclamer cette livraison, mais l'obligation de *mise à disposition au plus tard à l'expiration des délais* comporterait, nous le répétons, l'envoi immédiat (par conséquent, au plus tard à l'expiration de ces mêmes délais) d'un avis portable au domicile du destinataire, qui pourrait dès lors se dispenser d'aller réclamer ledit colis *tant que l'avis lui annonçant la mise à disposition ne lui aurait pas été envoyé.* S'il prenait fantaisie à une Compagnie de prétendre qu'on ne peut se plaindre du retard que si elle a été mise en demeure de livrer, on lui dirait : « Pardon ! je ne suis pas venu parce que vous ne m'aviez pas avisé ; il importe peu que mon colis fût ou non arrivé : si vraiment il était à ma disposition à l'expiration des délais, vous avez commis *une faute* en ne m'avisant pas immédiatement, et c'est cette faute, dont vous êtes responsable, qui m'a empêché de venir vous demander une livraison que je devais supposer hors d'état d'être faite.

Au surplus s'il y avait, ce qui n'est pas, contradiction entre l'article 1146 du Code civil et l'addition proposée à l'article 104 du Code de commerce, la jurisprudence n'en serait pas moins obligée de s'incliner et d'admettre que sur ce point, *comme d'ailleurs sur bien d'autres*, le Code de commerce apporte une exception aux principes généraux posés par le Code civil.

Nous ajouterons enfin ceci : qu'il ne suffit nullement *d'attendre* un envoi pour *éprouver un préjudice* si cet envoi est en retard, mais que, inversement, il n'est aucunement nécessaire « d'établir qu'on attend » un envoi, pour, le cas échéant, « montrer ainsi le préjudice » que le retard a pu causer.

Il faut et il suffit, pour obtenir la réparation du préjudice causé par un retard :

1° Etablir ce retard, c'est-à-dire le dépassement des délais réglementaires ;

2° Justifier du préjudice que ce retard a causé.

Actuellement, en l'état de la réglementation et de la jurisprudence qui l'interprète, *le retard ne peut être établi* que par une démarche du destinataire réclamant en vain à la gare, après l'expiration des délais, la marchandise attendue.

Sous le régime de la proposition D. Delahaye le retard serait au contraire établi mathématiquement, sans que le destinataire ait à se déranger, par le fait seul de l'expiration des délais, lorsque la Compagnie n'aurait pas avisé de la mise à disposition au plus tard à ce moment même.

Quant à la justification du préjudice, elle se ferait, aussi bien sous le régime de la proposition Delahaye que sous le régime actuel, exactement de la même manière, et il n'y aurait, à cet égard, absolument rien de changé.

« Il y a plus encore, continue le *Journal des transport* ; l'article 50 du cahier des charges, document fondamental trop souvent perdu de vue dans certains milieux, formule explicitement que les délais réglementaires sont seuls obligatoires pour le chemin de fer et, par maintes décisions, la Cour de cassation a jugé que ce dernier avait l'entier bénéfice de la totalité de ces délais. La conclusion : c'est que le chemin de fer ne pourrait être tenu d'aviser qu'une fois ces délais écoulés, et si l'on remarque que l'immense

majorité des marchandises parvient en devançant l'expiration de ceux-ci, on voit à quel domaine restreint doit se réduire la réforme pompeusement annoncée.

« Il est vrai que le projet de M. Delahaye prend soin de préciser que l'avis devra être donné « dès que les objets peuvent être mis à la disposition du destinataire ». Outre que cette obligation est manifestement contraire à l'article 50 du Cahier des charges précité, on ne sait vraiment qu'entendre par le moment dès lequel les objets peuvent être mis à la disposition, ni qui sera jugé de ce moment ; dans les grandes gares surtout, le fait que le wagon transporteur est parvenu par un train n'implique nullement que la marchandise puisse être aussitôt mise en livraison, et cela eu égard aux multiples opérations de triage, de manœuvre, de classement, etc... Les contestations ne manqueraient point, si même il n'y a pas dans cette proposition une nouvelle manifestation d'un désir à peine voilé de les multiplier. Il est permis en tout cas de se demander ce qu'y pourrait gagner le commerce, au moins celui, et c'est le cas ordinaire, qui répugne aux procédés de chicane. »

Voilà beaucoup de littérature pour ne pas dire grand'chose.

Le *Journal des transports* peut, en tout cas, se rassurer pour ce qui nous concerne : le « milieu » auquel nous appartenons ne perd pas de vue l'article 50 du cahier des charges ; à telle enseigne que, dans l'étude de M. Karnix, publiée par nous en 1903, cet article 50 servait précisément de base à l'argumentation de notre rédacteur pour arriver à établir ce principe :

« L'Etat, maître d'abréger les délais, associé des Compagnies, intéressé comme elles à la prompte livraison des marchandises, ou à la perception immédiate des frais de magasinage, a le **pouvoir** et le devoir d'exiger qu'un avis d'arrivée soit adressé au destinataire *aussitôt que la marchandise est en état d'être livrée.*

« Nous disons bien, ajoutait notre collaborateur, *aussitôt que la marchandise est en état d'être livrée*, et non pas dans tel ou tel délai *à compter de l'arrivée de la marchandise*, parce qu'ainsi, malgré ce que nous avons expliqué plus haut au sujet des pouvoirs de l'Administration en matière de délais, *nous ne portons aucune atteinte à cette réglementation :* elle reste telle quelle, sans modification ni dans un sens ni dans l'autre, et, les droits du public étant les mêmes que par le passé, les Compagnies ne peuvent faire aucune difficulté pour accepter une chose aussi simple et aussi logique ». (*Bulletin des Transports* du 1ᵉʳ juin 1909, p. 1320, col. 3.)

On voit que, pas plus à cette époque qu'aujourd'hui, nous ne songions à priver les Compagnies des avantages que leur confère le cahier des charges en ce qui concerne les délais : nous demandions seulement, comme aujourd'hui, à transformer en *obligation* l'usage qu'elles pratiquent, **tel qu'elles le pratiquent** ; c'est dès qu'elles sont en mesure de livrer la marchandise qu'elles avisent le destinataire : nous ne leur demandons que de continuer ; la loi proposée apporterait seulement, comme modification du régime actuel, la sanction de toute obligation civile, au cas où, pour un motif ou pour un autre, l'envoi de l'avis aurait été *indûment omis*, et elle assurerait la réparation du retard *à partir de l'expiration des délais réglementaires*, sans que le destinataire ait à se déranger.

Faut-il se demander avec le *Journal des transports* « qui sera juge du moment dès lequel les objets peuvent être mis à disposition » ? — La réponse est simple : ce seront les Compagnies elles-mêmes.

Doit-on craindre, alors, qu'elles conservent systématiquement les marchandises jusqu'à l'expiration des délais, en se retranchant derrière leur droit strict ? — Nullement : elles ont trop grand intérêt à libérer le plus promptement possible leur matériel, à éviter l'encombrement des gares et à faire courir le plus tôt possible les droits de magasinage ou de stationnement.

Le *Journal des transports* le dit lui-même :

« En terminant, enfin, nous ne saurions trop insister sur ce point que la loi projetée ne serait en fait qu'une simple reproduction d'une situation de fait déjà existante. C'est dans leur propre intérêt et pour hâter la libération de leurs gares que les Chemins de fer sont autorisés à aviser ; ils usent si largement de cette faculté que l'envoi de la lettre d'avis est devenu général. »

Nous pouvons ajouter qu'il n'est pas à craindre que les Compagnies favorisent certains destinataires au détriment des autres, en les avisant plus tôt : sur ce point encore il n'y aurait rien de changé à la situation actuelle, et, d'ailleurs, l'administration du contrôle continuerait d'avoir, *comme aujourd'hui*, le droit et le devoir de s'assurer que les avis sont régulièrement envoyés et *sans tour de faveur*.

Que vient on, d'autre part, nous parler des contestations qui « ne manqueraient point, si même il n'y a pas dans cette proposition (de M. Delahaye) une nouvelle manifestation d'un désir à peine voilé de les multiplier ? » Le caractère injurieux de cette imputation suffit à donner la mesure de la bonne foi de son auteur ; par ailleurs il est évident qu'aucune contestation ne pourrait s'élever qui ne puisse s'élever aujourd'hui, tant que les Compagnies continueraient de se conformer à leur usage actuel, consistant à envoyer les avis d'arrivée dès que la marchandise peut être livrée ; que si elles commettaient quelque oubli, le litige consécutif serait, le cas échéant, réglé tout aussi aisément, quoique dans un autre sens : *l'usage* étant devenu *une obligation*, au lieu d'envoyer promener les réclamants sous prétexte que l'envoi de l'avis n'était pas obligatoire, elles n'auraient qu'à *réparer le préjudice* causé par leur négligence.

Mais il est non moins évident que c'est cela qu'elles ne veulent pas, et que c'est dans le but d'éviter cette légitime responsabilité qu'elles font donner la garde, l'arrière-garde et jusqu'à leurs guerrilleros.

La conclusion générale de l'article du *Journal des transports* est ainsi conçue :

« Ainsi donc la réglementation nouvelle ne saurait atteindre le but qu'on se propose, sans entraîner un conflit permanent avec les principes fondamentaux du droit ; elle serait en opposition avec le contrat de concession délimitatif des obligations et des charges des Compagnies ; la réforme qui traduirait simplement la pratique courante n'aurait même pas, à cause de cela, le mérite d'une innovation et son domaine propre se réduirait en somme à des litiges tout exceptionnels, à l'exception : tel est en raccourci le bilan du projet Delahaye sur l'article 104. »

Après ce que nous venons de dire, les intéressés n'auront pas de peine à discerner ce qu'il y a de contradictoire, d'incohérent même, dans cette conclusion.

AVIS DES CORPS COMMERCIAUX

L'article que nous venons de critiquer et les quelques caudataires des Compagnies dont la littérature « frelatée » s'est inspirée des mêmes idées ont eu le succès qu'ils méritaient : les groupements et corps commerciaux ci-après ont non seulement approuvé la proposition de loi de M. D. Delahaye, mais certains demandent même qu'il soit fait à cette proposition des additions de nature, dans leur esprit, à préciser plus encore et à rendre plus strictes les obligations des Compagnies.

L'Office des transports des Chambres de commerce du Sud-Est.

Cet office a adressé, le 15 février 1913, aux Chambres de commerce adhérentes, une note qui conclut en ces termes :

« En résumé, les Chambres de commerce pourront, si elles le jugent utile, donner leur approbation à la proposition de loi (D. Delahaye) et demander que l'article 1er soit complété dans le sens indiqué. »

Sans doute son enthousiasme n'est pas des plus enflammés ; nous saurons gré néanmoins à cet Office de n'avoir pas, comme cela lui est arrivé trop souvent dans le passé, manœuvré en faveur des Compagnies.

Il approuve la proposition : c'est déjà beaucoup ; c'est même une preuve de la nécessité de la réforme que nous préconisons.

Quant à l'addition qu'il demande à apporter à l'article 1er, nous la jugeons complètement inutile.

Cette addition serait ainsi conçue :

« Le destinataire sera dispensé, en cas de retard de la marchandise, de la mise en demeure prévue par l'article 1146 du Code civil. »

Or, nous avons démontré, page 11, à propos de l'article publié par le *Journal des transports*, qu'il n'y avait rien à redouter de ce côté.

La chambre de commerce de Lyon.

Nous constaterons avec plaisir, tout d'abord, que cette chambre approuve hautement la proposition Delahaye. Elle a adopté et transformé en délibération, le 24 avril 1913, un rapport de M. Rivoire, président de sa commission des transports, dans lequel on lit ce qui suit :

« Ce projet *répond à un tel besoin* que nous avons la conviction que toutes les chambres de commerce et toutes les associations commerciales se prononceront énergiquement en faveur de son adoption. »

Mais le même rapport admet, en outre, comme étant, à son avis, sans inconvénient, l'addition proposée au texte de M. Delahaye par l'Office des transports des chambres de commerce du Sud-Est.

Nous n'avons rien à ajouter à ce que nous avons dit ci-dessus à ce sujet.

La chambre de commerce de Vienne.

Cette chambre de commerce, adoptant et transformant en délibération, le 15 février der-

nier, un rapport de son président, M. Bonnier, approuve hautement et en excellents termes la proposition de M. D. Delahaye :

« Quant à la seconde objection, dit-elle notamment, d'après laquelle les Compagnies aviseraient, en fait, les destinataires, elle est sans valeur réelle. Peu importe, en effet, que la lettre d'avis soit régulièrement envoyée en général. C'est *l'absence d'obligation* qui est préjudiciable aux destinataires, en permettant aux Compagnies d'opposer éventuellement cette non-obligation aux demandes d'indemnités pour retard, ainsi que nous l'avons montré.

« Enfin, M. le sénateur Delahaye a soin de prévoir le maintien de la *dispense d'avis* et il étend même la possibilité de cette dispense aux colis postaux pour lesquels, actuellement, l'envoi d'une lettre d'avis, dès l'arrivée, est obligatoire pour les Compagnies.

« Nous croyons donc que la proposition de loi Delahaye mérite d'être *chaleureusement* appuyée.... »

Mais elle s'est laissé gagner ensuite par des considérations analogues à celles que développe la note de même date de l'Office du Sud-Est, et elle propose, en conséquence, d'ajouter au texte de M. Delahaye une disposition ainsi conçue :

« Hormis le cas de dispense d'avis, l'expiration du délai, sauf convention contraire, vaut à elle seule mise en demeure. »

Malgré la différence de forme, cette addition donne lieu aux mêmes observations que celle préconisée par l'Office du Sud-Est.

La chambre de commerce de Bordeaux.

Cette chambre a, le 19 mars dernier, approuvé la proposition de son deuxième vice-président, M. Huyard, lequel :

« Estime que, tout en donnant un avis favorable à la proposition de loi Delahaye, il y aurait lieu de signaler la nécessité d'en compléter les dispositions de telle sorte que les destinataires de marchandises en grande vitesse ne puissent être tenus, pour obtenir la livraison des colis, de fournir aux Compagnies d'autre indication que celle des *noms*, *prénoms* et *adresses exacts*, devant figurer sur les colis et les titres de transport. »

Cette préoccupation répond au besoin de résister aux exigences de certains réseaux qui prétendraient ne considérer comme valables et opérantes que les « demandes de livraison assorties d'indications précises en ce qui concerne *le nom* de l'expéditeur, *la provenance*, *le poids* et *la nature* de la marchandise réclamée ».

Il y a là, il est vrai, une question d'un réel intérêt, et peut-être aurons-nous à y revenir un jour ; mais, M. Huyard l'a bien vu lui-même, l'inconvénient, qui porte aujourd'hui sur toutes les expéditions adressées en gare, étant donné le caractère facultatif de la lettre d'avis, n'atteindrait plus, celle-ci étant obligatoire, que les expéditions pour lesquelles le destinataire *aurait dispensé* la Compagnie, ainsi que le prévoit la proposition Delahaye, de l'obligation d'envoyer ladite lettre.

Nous estimons donc que le vœu de la chambre de commerce de Bordeaux, quelque intéressant qu'il soit, doit faire l'objet d'une étude et, s'il y a lieu, d'une solution à part, et qu'il ne doit pas mettre obstacle au vote, le plus promptement possible, de la proposition de loi de M. D. Delahaye, telle qu'elle a été conçue par son auteur.

La chambre de commerce de Marseille.

Cette chambre a, le 8 avril 1913, adopté et converti en délibération un intéressant rapport de son vice-président, M. Romuald Giraud, qui conclut en ces termes :

« Votre Commission de législation a pensé que, seule, une loi peut détruire les fausses interprétations favorisées par le nombre et la complexité des règlements et des tarifs, en ramenant les Compagnies à l'observation stricte d'obligations qu'elles méconnaissent trop souvent.

« Tel est précisément l'objet de la proposition de loi de M. Dominique Delahaye, actuellement soumise à notre examen. Nous remarquerons toutefois que le deuxième paragraphe de cette proposition, relatif aux colis postaux, paraît *faire double emploi* avec la réglementation spéciale établie pour le transport de ces colis par les lois des 19 avril 1881, 12 avril 1892 et 17 juillet 1897, dont le texte concernant la livraison porte que « tout destinataire d'un colis postal non livrable à domicile est prévenu de l'arrivée de ce colis par une lettre d'avis affranchie à 0,05 cent., qui est expédiée dans un délai de vingt-quatre heures ».

« Mais, nonobstant cette *critique de détail* à laquelle il n'y a pas lieu de s'arrêter, nous vous demandons de donner un avis favorable à *l'adoption intégrale* par les Pouvoirs publics de la proposition de loi de M. Dominique Delahaye, dont nous espérons vous avoir montré le bien fondé. »

Nous devons faire remarquer que la « critique de détail » dont parle l'honorable vice-président de la chambre de commerce de Marseille n'est même pas fondée : il n'y a aucunement double emploi entre la réglementation actuelle des colis postaux et l'article 2 de la proposition Delahaye ; ainsi que l'indique l'honorable sénateur à la fin de son exposé des motifs (Voir plus haut, page 9, col. 1), l'article 3 du décret de 1892 se trouverait implicitement abrogé et il y aurait désormais « assimilation complète, au point de vue de la livraison, entre les colis postaux et les colis ordinaires de grande vitesse, puisque, pour les uns comme pour les autres, les gares

devraient, sauf dispense expresse du destinataire, aviser celui-ci » non pas dans les 24 heures de l'arrivée, mais « dès qu'un colis livrable en gare pourra être mis à sa disposition ».

La chambre de commerce de Beauvais.

Un excellent rapport de M. Soualle, approuvé et transformé en délibération par la chambre de commerce de Beauvais le 1er mars 1913, fait remarquer l'anomalie qu'il y a à ne point obliger les Compagnies à l'envoi des lettres d'avis pour les expéditions ordinaires, alors que cette obligation a été consacrée pour les colis postaux par la réglementation spéciale ; il est bien d'accord avec M. Delahaye et avec nous pour estimer qu'il faut, en tous cas, laisser aux destinataires la faculté de dispenser les Compagnies de l'envoi des dites lettres d'avis ; finalement, il conclut en ces termes :

« Nous vous proposons donc d'émettre le vœu suivant :

« Que, conformément aux différents projets de loi déposés à la Chambre et, dernièrement, au Sénat par M. Delahaye :

« 1° Le transporteur soit forcé d'envoyer au destinataire, sauf dispense de sa part, un avis d'arrivée des marchandises qui lui sont adressées en gare ;

« 2° Que cet avis puisse être affranchi à 0,05. »

N. B. — En ce qui concerne le 2° ci-dessus, nous prions nos lecteurs de se reporter à ce que dit à ce sujet M. D. Delahaye dans son exposé des motifs, p. 9, col. 2.

La chambre de commerce d'Avignon.

Dans sa séance du 12 février 1913, cette chambre, reconnaissant que la proposition de M. Delahaye « a rencontré la plus grande faveur parmi les chambres de commerce », a décidé de se joindre à ce mouvement et donné, à l'unanimité des membres présents, son entière approbation à cette proposition.

Incidemment, ladite chambre de commerce d'Avignon a profité de l'occasion pour renouveler un vœu antérieur demandant que, lorsque les avis d'arrivée sont expédiés par voie télégraphique, ils ne puissent plus être lancés après 3 heures du soir, afin que les destinataires aient le temps suffisant pour prendre leurs dispositions en vue du camionnage à faire le lendemain. Cette question peut être tranchée par un arrêté ministériel.

La chambre de commerce d'Alger.

Cette chambre, après avoir entendu M. Rigollet, rapporteur de sa Commission des chemins

de fer, a, conformément à ses conclusions, décidé d'appuyer d'un « avis très favorable » le
texte préconisé par M. D. Delahaye, qu'elle juge
« conforme aux légitimes desiderata du commerce ».

Chambre de commerce de l'Indre

Cette Chambre a émis le vœu suivant :

1° Que le transporteur soit tenu d'envoyer au
destinataire, sauf dispense de sa part, un avis d'arrivée des marchandises qui lui sont adressées en
gare;
2° Que cet avis puisse être affranchi à 5 cen-
times.

N. B. — En ce qui concerne le 2° ci-dessus,
on se reportera utilement à ce que dit à ce
sujet M. D. Delahaye dans son exposé des motifs, p. 9, col. 2.

Chambre de commerce de Dijon.

Après avoir entendu la lecture d'un rapport
qui lui a été présenté par M. Ravrat, la Chambre de Dijon a déclaré *adhérer complètement*
à la proposition de M. Dominique Delahaye
(*Bulletin* du 1ᵉʳ trimestre 1913).

La Société pour la défense et le dévelop-
pement du commerce et de l'indus-
trie de Bordeaux.

Nous citerons, pour finir, cet extrait d'une
lettre qu'a bien voulu nous adresser, le 16 janvier 1913, M. le président de la *Société pour
la défense et le développement du commerce
et de l'industrie de Bordeaux :*

Monsieur Lamy,

« Nos collègues se sont souvenus que déjà, en mai
1900, nous avons uni nos efforts aux vôtres, pour
obtenir que l'avis d'arrivage fût rendu obligatoire;
depuis lors, nous avons à plusieurs reprises réitéré
nos tentatives.

« Le projet de M. Delahaye est un premier résultat
dû principalement à votre énergie persévérante : nos
collègues ont été unanimes à le reconnaître, et nous
ont chargé de vous en adresser toutes leurs félicita-
tions.

« Heureux de vous les exprimer, et toujours prêts
à seconder votre action, nous nous sommes empres-
sé d'écrire à M. le Rapporteur, à M. le Président du

Sénat, à M. le Ministre du Commerce et à MM. les
Sénateurs de la Gironde, afin de leur demander
de faire le nécessaire, chacun en ce qui le concerne,
pour que le projet de M. Delahaye soit voté le plus
tôt possible.

« Espérant que ce vote viendra bientôt couronner
de succès votre campagne, et vous donner un titre
de plus à la reconnaissance du Commerce, nous vous
prions d'agréer, Monsieur, l'assurance de notre con-
sidération distinguée. »

Nous remercions bien vivement M. le président de la Société pour la défense et le développement du commerce et de l'industrie de
Bordeaux des éloges qu'il nous adresse, en
son nom et au nom de ses collègues : ces éloges sont pour nous un encouragement des plus
précieux.

CE QU'IL FAUT FAIRE

Nous espérons, d'autre part, que les avis des
corps commerciaux que nous venons de citer
encourageront toutes les Chambres de commerce
ainsi que les Syndicats commerciaux, industriels
et agricoles, à manifester sans tarder, et de la
façon la plus énergique, leur ferme volonté
d'obtenir la réforme dont nous avons démontré
la nécessité.

Les observations qui précèdent ces avis ont
mis en évidence l'inanité des critiques suscitées
contre la proposition de loi déposée par M. Dominique Delahaye ; aucune hésitation n'est donc
permise : il faut que tous les corps intéressés
émettent les vœux les plus pressants en faveur
de cette proposition ; qu'ils envoient à l'honorable
sénateur, *ainsi qu'à nous-même*, copie des déli-
bérations qu'ils prendront dans ce sens ; enfin,
qu'ils insistent auprès de leurs représentants
au Parlement en vue d'obtenir le plus tôt possible le vote de la loi proposée.

De l'importance et de l'ensemble de leurs
manifestations dépend le succès de cette réforme
tant attendue, et qui sera si profitable aux expéditeurs et destinataires : la lettre d'avis obligatoire.

L. LAMY,
*Directeur du « Bulletin
des Transports ».*

RÈGLEMENT DE LA LIGUE

Toute personne peut adhérer, sans aucune formalité, à la *Ligue de défense contre les chemins de fer*, en qualité de *Membre titulaire* ou de *Membre adhérent*. Chaque membre reçoit *immédiatement et gratuitement* :

1º Un *abrégé de 130 pages* de la 8e édition, de 1911, du *Manuel pratique des Transports* contenant les principaux renseignements que les expéditeurs et les destinataires *soucieux de leurs intérêts* doivent avoir sous la main ;

2º Un *tableau-affiche*, avec baguettes dorées, indiquant les formalités essentielles à remplir, dès le début d'un litige, pour conserver ses droits en cas d'avaries, de pertes, de retards, etc... ;

3º Une superbe *carte d'identité* qu'il suffit, généralement, de présenter aux agents des gares, pour obtenir des satisfactions qu'ils refusent souvent aux personnes derrière lesquelles n'apparaît aucune organisation sérieuse capable de défendre leurs droits.

CONDITIONS ET AVANTAGES

MEMBRES TITULAIRES

Les Membres titulaires versent une cotisation annuelle de **10 fr. 00** (ou 12 fr. 00 pour l'étranger) ; ils ont droit, en sus des avantages ci-dessus :

Art. 1er. — Au service **gratuit**, chaque mois, du **Bulletin des Transports**.

Art. 2. — A 12 consultations **gratuites** par an — contre l'envoi des timbres-poste nécessaires pour l'affranchissement de la réponse et le retour des pièces communiquées — *sur toutes les questions*, sauf celles de tarification, concernant les transports par chemins de fer : voyageurs, marchandises, colis postaux, transports internationaux, etc., etc...

Pour les consultations sur les *prix de transport* des chemins de fer *français*, il est dû une somme fixe de **1 fr. 25** par prix distinct. En ce qui concerne les transports *internationaux* et *par eau*, voir l'art. 5.

Art. 3. — Au règlement **amiable**, aux risques et périls de la Ligue, de tous les litiges pour *avaries, pertes et retards*. Il n'est rien dû à la Ligue pour quoi que ce soit, en cas d'insuccès ; elle ne récupère ses frais et débours que sur les indemnités obtenues, moyennant une commission **convenue à l'avance**.

La Ligue peut également, après entente avec les intéressés, se charger de **tous procès** concernant les chemins de fer ; il ne lui est rien dû, *à titre d'honoraires*, en cas d'insuccès.

Art. 4. — A la vérification de leurs récépissés de chemins de fer moyennant **35 0/0** des sommes détaxées. Cette vérification est *gratuite* si aucune erreur n'est relevée.

Art. 5. — En ce qui concerne les renseignements sur les prix de transport *étrangers*, il est dû, *par prix distinct* : pour les réseaux belges, 2 fr. 50 ; allemands, italiens et suisses, 3 fr. ; hollandais, 3 fr. 50 ; autres pays d'Europe, 5 fr.

Le prix des renseignements sur toutes questions concernant les transports maritimes, fluviaux ou mixtes est, *au minimum*, de 3 fr. 00 ; celui des consultations *juridiques* est en rapport avec l'importance du travail demandé, il est toujours *indiqué d'avance*.

MEMBRES ADHÉRENTS

Les Membres adhérents versent une cotisation annuelle de **22 fr. 00** (ou 24 fr. 00 pour l'étranger) ; ils ont droit, en sus des avantages ci-dessus :

Art. 1er. — Au service **gratuit**, chaque mois, du **Bulletin des Transports**.

Art. 2. — A 24 consultations **gratuites** par an — contre l'envoi des timbres-poste nécessaires pour l'affranchissement de la réponse et le retour des pièces communiquées — *sur toutes les questions*, sauf celles de tarification, concernant les transports par chemins de fer : voyageurs, marchandises, colis postaux, transports internationaux, etc., etc...

Pour les consultations sur les *prix de transport* des chemins de fer *français*, il est dû une somme fixe de **0 fr. 75** par prix distinct. En ce qui concerne les transports *internationaux* et *par eau*, voir l'art. 5.

Art. 3. — Au règlement **amiable**, aux risques et périls de la Ligue, de tous les litiges pour *avaries, pertes et retards*. Il n'est rien dû à la Ligue, pour quoi que ce soit, en cas d'insuccès ; elle ne récupère ses frais et débours que sur les indemnités obtenues, moyennant une commission **convenue à l'avance**.

La Ligue peut également, après entente avec les intéressés, se charger de **tous procès** concernant les chemins de fer ; il ne lui est rien dû, *à titre d'honoraires*, en cas d'insuccès.

Art. 4. — A la vérification de leurs récépissés de chemins de fer moyennant **25 0/0** des sommes détaxées. Cette vérification est *gratuite* si aucune erreur n'est relevée.

Art. 5. — En ce qui concerne les renseignements sur les prix de transport *étrangers*, il est dû, *par prix distinct* : pour les réseaux belges, 2 fr. ; allemands, italiens et suisses, 2 fr. 50 ; hollandais, 2 fr. 00 ; autres pays d'Europe, 4 fr. 50.

Le prix des renseignements sur toutes questions concernant les transports maritimes, fluviaux ou mixtes, est, *au minimum*, de 3 fr. 00 ; celui des consultations *juridiques* est en rapport avec l'importance du travail demandé, il est toujours *indiqué d'avance*.

AVIS TRÈS IMPORTANTS

Les adhésions partent du 1er du mois en cours ; elles n'engagent les intéressés que pour les clauses ci-dessus et pour une année seulement ; toutefois, l'adhésion souscrite pour deux ans donne droit à l'envoi gratuit de la 8e édition, de 1911, du Manuel pratique des Transports (Ouvrage de 460 pages, dont le prix est de 6 francs) au lieu et place de l'abrégé de cet ouvrage.

* * POITIERS * *
* * Imprimerie * *
* * G. ROY * *